Épidémie

Tamara Raidt

Le plus beau jour de ma vie

Herausgeber:
Veit R. J. Husemann,
Prof. Dr. Olivier Mentz

Autorin der Worterklärungen:
Laure Boivin

Ernst Klett Sprachen
Stuttgart

1. Auflage 1 5 4 3 2 1 | 2021 20 19 18

Internetadresse: www.klett-sprachen.de

Redaktion: Elena Bergmann
Layoutkonzeption: Andreas Drabarek
Gestaltung und Satz: Satzkasten, Stuttgart
Umschlaggestaltung: Andreas Drabarek
Titelbild: © Shutterstock (Surkov Vladimir) und (Chinnapong)
Autorenfoto Seite 8: © Gérard Cambon
Druck und Bindung: Medienhaus Plump GmbH, Rolandsecker Weg 33, 53619 Rheinbreitbach

Printed in Germany

ISBN 978-3-12-592352-2

9 783125 923522

La liste des abréviations

≠	antonyme de
→	mot de la même famille
etw	etwas
expr	expression
f	féminin
fam	familier
fpl	féminin pluriel
jdm	jemandem
jdn	jemanden
m	masculin
mpl	masculin pluriel
qc	quelque chose
qn	quelqu'un

Vorwort

„Des ados qui écrivent pour des ados" – so lautet die Überschrift der Reihe, in der die beiden Novellen *Épidémie* von Anne-Lise Lafranche und *Le plus beau jour de ma vie* von Tamara Raidt erstmals erschienen sind.

Beide sind das Ergebnis eines französischen Literaturpreises, dem „Prix Clara", der geschaffen wurde in Erinnerung an ein Mädchen namens Clara. Sie schrieb unheimlich gerne, nicht nur für sich, sondern auch für andere. Zudem las sie für ihr Leben gern und war im regen schriftlichen Austausch mit einigen Schriftstellern. Doch schon im Alter von 13 Jahren verstarb Clara an einer unerkannten angeborenen Herzkrankheit.

Ihre Eltern initiierten, gemeinsam mit Erik Orsenna[1], den Preis – und seit 2007 nehmen Jahr für Jahr hunderte frankophoner Jugendliche unter 18 Jahren daran teil und reichen eine selbst verfasste Novelle ein. Die Jury um Erik Orsenna wählt jährlich 6 bis 8 Autorinnen und Autoren aus, die in einem eigenen Novellenband beim Verlag Héloïse d'Ormesson veröffentlicht und in einer feierlichen Zeremonie im Rathaus von Paris geehrt werden.

Die Jugendlichen schreiben in Erinnerung an Clara und unterstützen damit die Herzforschung, mit dem Ziel, dass solche Herzfehler, wie sie einen hatte, zukünftig früher erkannt und operiert werden können.

„Des ados qui écrivent pour des ados" ist ein kostbares Stück französischer Literatur: überraschend ästhetisch, faszinierend fesselnd, genial geschrieben, erstaunlich erzählt und künstlerisch komponiert. Lasst euch verzaubern von diesen jungen Autorinnen und Autoren und geht auf eine literarische Reise, die Clara bestimmt sehr gefallen hätte.

Olivier Mentz & Veit R. J. Husemann

1 Erik Orsenna ist Schriftsteller und Mitglied der *Académie française*.

Tamara Raidt

Le plus beau jour de ma vie

Je m'appelle Tamara, j'ai 17 ans et je viens de Seyssel, une petite ville à la frontière de la Haute-Savoie et de l'Ain. J'ai toujours aimé inventer des histoires, chaque prétexte étant bon pour une nouvelle aventure : un livre glané à la bibliothèque, des bribes d'une conversation interceptées dans la rue…

Dès que j'ai su tenir un stylo, j'ai compris que je n'allais pas le lâcher de sitôt. Je me rappelle le jour où je suis arrivée, mon tout premier poème à la main, avec cette idée fixe en tête : Maman, je veux devenir écrivain. J'avais six ans.

Ensuite, j'ai grandi avec la saga de Harry Potter*, m'inspirant de ce monde fantastique pour me créer mon propre univers.*

Les personnages de mes histoires, qu'ils soient drôles ou pathétiques, attachants ou repoussants, se ressemblent finalement : malgré leurs traits de caractère différents, ils ont tous un peu de moi au fond.

J'écris avant tout pour moi, ensuite pour les autres. Écrire est d'abord un besoin, ensuite une passion.

J'aime découvrir et faire découvrir au lecteur, à travers l'écriture, de nouveaux univers et surtout, de nouvelles clés pour y accéder.

Je vous laisse donc découvrir, à travers ce voyage qu'est la lecture, ma nouvelle, « Le plus beau jour de ma vie ».

---

6 **un prétexte** Vorwand | 8 **glaner** *ici :* prendre, emprunter | 8 **des bribes** *fpl* des morceaux, des extraits | 9 **intercepter** *ici :* entendre | 13 **pas de sitôt** so bald nicht | 19 **attachant,e** *pour un personnage :* qui nous intéresse, dont on veut connaître la vie | 19 **repoussant,e** *ici :* antipathique, horrible | 19 **malgré** trotz | 24 **accéder à qc** zu etw gelangen

Samedi 22 août, 5 h 59

Cher journal,

Le soleil s'est levé en même temps que moi ce matin. Mais j'étais déjà réveillée depuis longtemps quand je l'ai vu se hisser péniblement à l'horizon comme une voile sur son mât. En réalité, je n'ai dormi que quelques heures. Je suis tellement excitée que j'ai à peine fermé l'œil de la nuit.

Aujourd'hui est le plus beau jour de ma vie. En effet, deux événements très importants pour moi vont avoir lieu. Le premier est… mon mariage ! Oui, tu as bien entendu, je vais me marier ! Moi-même je ne peux pas y croire. Cela s'est décidé si promptement, tout a été organisé avec une telle rapidité que je n'ai pas vraiment eu le temps de me poser de questions. Certes, j'ai beaucoup réfléchi ces derniers jours, mais je n'avais personne à qui me confier. Tout le monde était si absorbé par les préparatifs du mariage que je ne voulais pas importuner qui que ce soit avec mes états d'âme. Mais je ressentais quand même ce besoin de m'exprimer, alors j'ai pensé à toi, vestige de mon enfance ; tu reposais encore tel que je t'avais laissé dans mon tiroir ; tu t'étais juste recouvert d'une fine couche de poussière. Aussi loin que je puisse remonter dans mes souvenirs, tu as toujours été mon compagnon le plus fidèle. Alors je me devais de te faire partager ce moment exceptionnel. Tu sais, j'ai toujours rêvé d'écrire mon propre conte de fées, un conte de fées dont je serais l'héroïne. Et c'est toi qui seras le premier témoin de cette histoire merveilleuse !

---

4 **se °hisser** se lever, monter | 5 **péniblement** avec difficulté | 5 **une voile** *ici :* Segel | 7 **à peine** kaum | 13 **certes** zwar, sicher, klar | 14 **se confier à qn** sich jdm anvertrauen | 15 **absorbé,e par qc** concentré sur qc | 16 **importuner** déranger, gêner | 16 **un état d'âme** une humeur, un sentiment | 17 **ressentir** empfinden (→ un sentiment) | 18 **un vestige** Überbleibsel | 18 **reposer** *ici :* liegen | 19 **un tiroir** Schublade | 20 **la poussière** Staub | 21 **fidèle** treu | 22 **se devoir de faire qc** es sich schuldig sein etw zu tun | 23 **un conte de fées** Märchen | 24 **une héroïne** Heldin | 24 **un témoin** Zeuge

Cela me revient maintenant : je t'avais même donné un nom, Liam. C'est dans les moments où nous nous apprêtons à franchir une étape importante de notre vie que des petits détails du passé, jusqu'alors profondément enfouis, resurgissent et s'imposent à nous comme des évidences.

7 h 34 La maison se réveille peu à peu. Au petit déjeuner, toute la famille est si émue que c'est moi qui sèche les larmes de Maman. Je lui dis de ne pas pleurer, mais elle ne peut pas s'en empêcher. Je suppose que tous les parents ont un pincement au cœur quand leur fille se marie et quitte la maison. Mon père pose un regard bienveillant sur moi : « Tu es devenue une femme maintenant, me dit-il. Une vraie femme. Je suis fier de toi. » Mes frères me félicitent, je sens l'allégresse monter en moi. Tout cela est trop beau pour être vrai. Je me demande si ce n'est pas un rêve, et si je ne vais pas bientôt me réveiller dans mon lit.

9 h 02 Je commence à compter les heures avant la cérémonie, qui aura lieu cet après-midi à 16 heures. La matinée me paraît interminable, et pourtant elle vient seulement de débuter. Maman est très bizarre aujourd'hui, elle semble agitée. C'est sûrement dû à la pression du mariage, mais j'ai l'impression qu'il y a autre chose qui la tracasse. Je l'ai surprise déjà plusieurs fois à me jeter des coups d'œil nerveux, comme si elle était à l'affût de je ne sais quoi.

---

2 **s'appêter à faire qc** se préparer à faire qc (→ prêt) | 2 **franchir** *ici :* bestehen, meistern | 4 **profondément** tief | 4 **enfoui** vergraben | 4 **resurgir** *ici :* revenir soudain à la mémoire | 5 **une évidence** *ici :* qc qu'on a toujours su | 7 **ému,e** bewegt, berührt (→ une émotion) | 7 **sécher** (ab)trocknen | 8 **ne pas pouvoir s'empêcher de faire qc** ne pas pouvoir faire autrement | 9 **avoir un pincement au cœur** jdm ein Stich ins Herzen versetzen | 12 **fier, fière** stolz | 13 **l'allégresse** *f* la joie | 20 **la pression** *ici :* le stress | 21 **tracasser qn** rendre qn inquiet | 21 **jeter un coup d'œil à qn** regarder qn rapidement | 22 **être à l'affût de qc** auf der Lauer nach etw liegen

9 h 50 Je suis en train de relire toutes les histoires que j'avais écrites en toi. Je ressens une pointe de nostalgie quand je tourne tes pages usées et cornées, imprégnées d'encre noire, portant encore en leur sein les pensées d'une petite fille insouciante – qui a maintenant bien grandi. C'est vrai qu'en me relisant, je repense à l'enfant que j'étais, qui courait sur les trottoirs, s'écorchait les genoux et revenait à la maison couverte de poussière ; cette enfant qui inventait des chansons en chœur avec les oiseaux sur le chemin de l'école ; cette enfant qui avait rêvé de devenir avocate. Elle me semble si loin aujourd'hui, et pourtant plus proche que jamais. Mais je sais que cette époque est révolue, désormais. Comme le dit toujours Maman, on ne peut pas être éternellement jeune et innocent. Il faut grandir un jour.

C'est elle qui m'a ouvert les yeux et qui m'a appris à devenir une femme forte et mature. Je me rappelle mes angoisses, mes craintes sur l'avenir. Petit à petit, je voyais mes anciennes camarades d'école devenir des femmes accomplies, se marier, avoir des enfants. Et le temps qui passait sans rien m'apporter me pesait de plus en plus. Samira, ma meilleure amie, me présentait son deuxième enfant, et je n'avais toujours pas de mari. Forcément, je me posais des questions, je me remettais en cause ; j'en arrivais presque à me détester.

À vrai dire, je ne savais pas vraiment ce qui m'effrayait le plus alors : rester seule toute ma vie ou vivre avec un homme ? Sûrement un peu les deux. Je ne me rendais pas compte qu'au fond, ce qui m'effrayait par-dessus tout, c'était la vie elle-même. Et dire que ma sœur, de un an ma cadette, s'est mariée avant moi !

---

3 **être corné** *ici :* Eselsohren haben | 3 **l'encre** *f* Tinte | 4 **en leur sein** *ici :* en elles (dans les pages) | 4 **insouciante,e** *ici :* innocent, naïf | 6 **s'écorcher** se blesser légèrement | 9 **un,e avocat,e** Rechtsanwalt, Rechtsanwältin | 11 **révolu,e** fini | 11 **désormais** von nun an | 12 **éternellement** ewig | 15 **mature** reif | 15 **une angoisse** une peur | 15 **une crainte** une peur | 16 **petit à petit** nach und nach | 17 **accompli,e** heureux, ayant tout ce qu'il/elle veut | 18 **qc pèse à qn** qc rend qn malheureux, stressé | 20 **forcément** zwangsläufig | 21 **se remettre en cause** ne plus être sûr de soi, douter de soi | 23 **effrayer qn** faire peur à qn | 25 **se rendre compte** réaliser | 27 **de un an mon/ma cadet,te** plus jeune d'un an

C'est cet événement qui m'a porté le coup de grâce et fait prendre conscience qu'il me fallait trouver l'amour. Je me souviens qu'à cette époque, mes parents, devant mon air accablé, avaient tenté de me rassurer :

– Il n'est pas trop tard pour toi, m'avait dit Maman. Je suis sûre que tu te marieras bientôt, comme ta petite sœur. Ne t'en fais pas, nous allons t'aider à trouver un bon mari.

11 h 30 La famille arrive peu à peu : les oncles, les tantes, les cousins. Je sens une multitude de paires d'yeux posées sur moi, tout le monde cherche à voir la reine du jour, à lui adresser quelques mots pour la complimenter. Mais toute cette attention, ce tumulte autour de ma personne, c'est trop pour moi. Je crois que je vais me retirer un petit moment dans ma chambre. J'ai besoin d'être seule.

11 h 45 Le brouhaha des invités me parvient d'en bas. Je suis allongée sur mon lit. Ce même lit dans lequel je me sentais encore si bien lorsque je m'y suis réveillée ce matin. Pourquoi maintenant me paraît-il moins doux, moins confortable qu'il y a seulement quelques heures ? Peut-être parce que je n'y dormirai plus jamais, et qu'à cette pensée, il me devient déjà hostile. À partir d'aujourd'hui, les murs de cette chambre, qui fut mon refuge pendant toutes ces années, n'auront plus la même couleur à mes yeux. Déjà, plus rien dans cette maison ne me semble familier. Je ne sais pas ce qui se passe. La pression commence à me submerger.

11 h 55 On m'appelle pour déjeuner. Mais je n'ai toujours pas envie de descendre, et d'ailleurs, je n'ai pas faim. Je suppose

---

1 **le coup de grâce** Gnadenstoß | 3 **accablé,e** malheureux | 3 **tenter** essayer | 4 **rassurer qn** jdn beruhigen | 6 **Ne t'en fais pas !** *fam* Mach dir keine Sorgen! | 10 **une reine** Königin | 15 **le brouhaha** un bruit diffus | 20 **hostile** ≠ amical | 21 **un refuge** Zufluchtstätte | 24 **submerger** *ici :* übermannen | 26 **d'ailleurs** übrigens

que c'est ma nervosité à la perspective du mariage qui me noue l'estomac. Pour me détendre, je vais te raconter ma rencontre avec lui. Tu vas voir, cela ressemble en tous points à un véritable conte de fées.

Peu de temps après que Maman m'a fait cette promesse, elle m'a présenté un homme d'une trentaine d'années. Je l'ai tout de suite trouvé grand et assez imposant. J'étais très gênée et mal à l'aise, je ne savais pas comment me comporter avec lui. Je me rappelle lui avoir souri timidement lorsqu'il a engagé la conversation. Et voilà qu'aujourd'hui, je m'apprête à me marier avec cet homme ! À l'heure qu'il est, il doit être avec ses parents en train d'essayer une dernière fois son costume.

Malgré tout, la vie d'épouse me fait un peu peur. Je sais qu'il a eu une femme avant moi, il paraît même qu'elle était fort jolie. Mais moi, je n'ai eu personne avant lui. Enfin, quand j'étais petite, je m'étais inventé un ami imaginaire et j'avais fini par tomber amoureuse de lui, mais je ne sais pas si ça compte. Il ne m'a encore jamais parlé de son ancienne femme. Tout ce que je sais d'elle, c'est qu'elle avait environ mon âge et qu'elle est morte il y a quelque temps. Ce qui lui est arrivé ? Je ne sais pas, Maman n'a pas voulu me le dire.

Je me demande bien à quoi elle pouvait ressembler. Quelquefois je m'imagine les contours de son visage, la couleur de ses cheveux, le timbre de sa voix.

Il faut que je descende, les invités s'impatientent. Ils veulent voir la future mariée. Je t'écrirai de nouveau dès que j'en aurai l'occasion.

---

1 **(la nervosité) noue l'estomac *m* à qn** (vor Nervosität) krampft sich ihm/ihr der Magen zusammen | 2 **se détendre** se relaxer | 8 **se comporter** sich verhalten | 12 **un costume** Anzug | 13 **une épouse** une femme mariée | 24 **le timbre** Klang | 25 **s'impatienter** ungeduldig werden

13 h 38 Je viens de faire un dernier essayage de la robe avec Maman. Elle a eu de nouveau les larmes aux yeux quand elle m'a vue ainsi : ça lui rappelait son propre mariage.

– J'avais exactement ton âge, m'a-t-elle dit. Je me revois encore dans cette belle robe de mariée.

Elle m'a appelée sa petite princesse. En vérité, je ne me sentais pas du tout comme une princesse dans cette robe. Je ne sais pas pourquoi, quand je me suis regardée dans le miroir, je ne me suis pas trouvée belle. Il y a seulement deux semaines, lorsque Maman et moi avons choisi la robe, elle m'allait à ravir ; pourtant, quand je l'ai essayée tout à l'heure, elle m'a paru trop grande. Quelque chose en moi a changé. Tout à coup, je ne suis plus aussi excitée à l'idée de me marier. Je commence même à redouter la cérémonie. Liam, je ne sais pas ce qui se passe. Peut-être que je ne suis pas prête, finalement. Peut-être que je devrais en parler à Maman.

14 h 10 Le mariage est dans deux heures. J'ai parlé à Maman. Nous étions toutes les deux dans la cuisine, où elle s'occupait des derniers préparatifs. Je lui ai fait part de mes doutes, je lui ai expliqué que toutes mes certitudes venaient de s'écrouler et que j'étais désemparée. Je crois même que j'ai pleuré.

– C'est normal de douter, m'a-t-elle rassurée. Je comprends que cela te fasse peur, c'est une nouvelle vie qui commence pour toi. Tu vas épouser cet homme, tu vas fonder une famille avec lui. Ce jour est le plus beau de ta vie, tu ne dois pas être triste.

– Mais je ne suis pas sûre de vouloir changer de vie ainsi, ai-je répliqué.

Pourquoi lui ai-je alors parlé de toi ? Je ne sais pas.

---

10 **aller à ravir** aller parfaitement | 13 **redouter qc** avoir peur de qc | 18 **faire part de qc à qn** communiquer qc à qn | 19 **une certitude** qc dont on est sûr | 19 **s'écrouler** *ici :* in sich zusammenstürzen | 20 **désemparé,e** désorienté, perdu

T'avoir retrouvé dans mon tiroir ce matin m'a replongée dans mon enfance. Mais dès que je t'ai évoqué, le visage de Maman s'est fermé et son ton s'est durci :

– Je sais que tu aimes écrire. Mais à ton âge, on ne se confie plus à un journal. Comment oses-tu te montrer aussi puérile le jour de ton mariage ? Tu dois te comporter en femme maintenant.

Maman n'a jamais aimé les mots. Quand j'étais petite et que j'écrivais des histoires, je voyais bien que cela ne lui plaisait pas. Je n'ai jamais bien compris pourquoi. Peut-être a-t-elle peur du pouvoir que les mots transmettent à ceux qui savent les manier ? Je me souviens du jour où je lui ai annoncé que je voulais devenir écrivain – mon tout premier rêve de petite fille : elle s'est emportée en prétendant que ce n'était pas un métier pour moi. Plus tard, je lui ai dit que je voulais être avocate : elle n'a même pas sourcillé.

14 h 52 Tu sais, j'ai toujours aimé écrire. J'aime le ronronnement des mots quand ils sont sur le point de franchir mes lèvres, j'aime le son du stylo qui gratte le papier, j'aime bien mouiller mon doigt et tourner les pages. Mais ce que j'aime par-dessus tout, c'est revenir en arrière et relire une histoire depuis le premier chapitre. Alors j'imagine que je change un mot, une phrase, une idée, et que tout le livre se meut pour s'inventer un nouveau début. J'aimerais tellement pouvoir faire cela aujourd'hui : remonter le temps et transformer l'histoire ! Retourner à l'époque où j'étais encore une petite fille sur le chemin de l'école. L'époque où Samira et moi, on riait ensemble en rêvant à l'avenir.

---

1 **replonger qn dans ses souvenirs** in seine Erinnerungen eintauchen | 2 **évoquer qn** jdn erwähnen | 3 **se durcir** devenir plus dur (hart) | 5 **puéril,e** enfantin | 10 **le pouvoir** Macht | 10 **transmettre** *ici :* donner | 10 **manier** utiliser | 12 **s'emporter** devenir furieux | 13 **prétendre** behaupten | 14 **ne pas sourciller** *ici :* ne pas réagir | 15 **un ronronnement** Summen | 16 **être sur le point de faire qc** kurz davor sein, etw zu tun | 16 **franchir** passer | 16 **les lèvres** *fpl* Lippen | 17 **gratter** kratzen | 17 **mouiller** *ici :* befeuchten | 21 **se mouvoir** bouger (→ le mouvement)

Liam, si je tiens tellement à toi, c'est parce que j'espère un jour raconter à mes enfants tout ce que je t'ai écrit. Peut-être que je leur ferai cadeau de toi, afin qu'ils puissent écrire leurs propres histoires sur tes pages restées blanches.

15 h 01 Ça y est. Le grand moment arrive, nous partons pour la cérémonie du mariage. Je vais devoir me résoudre à te laisser à la maison. Je ne sais pas trop ce que je ressens en ce moment ; la seule chose qui m'importe, c'est de te retrouver ce soir, avant la grande fête avec les invités. Et avant la nuit de noces.

19 h 40 Mon cher journal, je suis mariée ! La cérémonie était un rêve. Je suis arrivée, revêtue de ma belle robe, et il était là, devant moi, à m'attendre dans son costume. Tous les regards étaient rivés sur nous. Quand nous nous sommes avancés, j'avais tellement peur de trébucher ou de faire une erreur que j'osais à peine respirer. Tous mes doutes se sont envolés d'un coup. Maman et Papa ont apporté deux gâteaux : un pour le mariage, l'autre pour moi. J'ai soufflé les bougies et j'ai fait un vœu. Un vœu bien précis.

Ma petite sœur était présente, bien sûr, avec son mari et leur bébé, et elle m'a répété combien elle était fière de moi.

20 h 00 Je n'ai pas le temps de me reposer, juste celui de sauter sur mon stylo pour t'écrire en vitesse ces quelques mots. La fête va commencer, et comme j'en suis la « reine », je n'ai pas intérêt à arriver en retard. Je voulais juste t'écrire une dernière fois pour te remercier d'avoir été le compagnon fidèle de mon enfance. Pourtant je ne peux pas t'emporter, je pense que tu le comprends.

---

6 **se résoudre à faire qc** sich damit abfinden etw zu tun | 8 **importer à qn** être important pour qn | 9 **la nuit de noces** *fpl* Hochzeitsnacht | 11 **revêtu,e** → un vêtement | 12 **être rivé,e** être fixé | 14 **trébucher** stolpern | 14 **oser à peine faire qc** es kaum wagen etw zu tun | 15 **s'envoler** *ici :* disparaître | 17 **un vœu** Wunsch | 22 **qn n'a pas intérêt à faire qc** qn ne devrait pas faire qc

Mais ne t'inquiète pas : en soufflant mes bougies, j'ai fait un vœu pour toi. J'ai souhaité qu'un jour, quelqu'un te trouve et découvre mon histoire à travers toi. Ainsi, tous ceux qui liront les mots que j'écris en ce moment deviendront à leur tour les témoins de mon mariage. Les témoins de ce jour merveilleux.

Mais dans toute cette agitation, j'aurais presque oublié, alors que le soleil de Téhéran se courbe docilement vers l'horizon, de te dire la deuxième raison pour laquelle ce jour est le plus beau de ma vie : aujourd'hui, je fête mes 13 ans.

7 **se courber** *ici :* descendre | 7 **docilement** folgsam

Anne-Lise Lafranche

Épidémie

Herausgeber:
Veit R. J. Husemann,
Prof. Dr. Olivier Mentz

Autorin der Worterklärungen:
Laure Boivin

Ernst Klett Sprachen
Stuttgart

1. Auflage 1 5 4 3 2 1 | 2021 20 19 18

Internetadresse: www.klett-sprachen.de

Redaktion: Elena Bergmann
Layoutkonzeption: Andreas Drabarek
Gestaltung und Satz: Satzkasten, Stuttgart
Umschlaggestaltung: Andreas Drabarek
Titelbild: © Shutterstock (Dmitri Ma)
Autorenfoto Seite 8: © Gérard Cambon
Druck und Bindung: Medienhaus Plump GmbH, 53619 Rheinbreitbach
Printed in Germany

ISBN 978-3-12-592352-2

9 783125 923522

La liste des abréviations

≠	antonyme de
→	mot de la même famille
etw	etwas
expr	expression
f	féminin
fig	figuratif
fpl	féminin pluriel
jdm	jemandem
jdn	jemanden
m	masculin
mpl	masculin pluriel
qc	quelque chose
qn	quelqu'un

Vorwort

„Des ados qui écrivent pour des ados“ – so lautet die Überschrift der Reihe, in der die beiden Novellen *Épidémie* von Anne-Lise Lafranche und *Le plus beau jour de ma vie* von Tamara Raidt erstmals erschienen sind.

Beide sind das Ergebnis eines französischen Literaturpreises, dem „Prix Clara“, der geschaffen wurde in Erinnerung an ein Mädchen namens Clara. Sie schrieb unheimlich gerne, nicht nur für sich, sondern auch für andere. Zudem las sie für ihr Leben gern und war im regen schriftlichen Austausch mit einigen Schriftstellern. Doch schon im Alter von 13 Jahren verstarb Clara an einer unerkannten angeborenen Herzkrankheit.

Ihre Eltern initiierten, gemeinsam mit Erik Orsenna[1], den Preis – und seit 2007 nehmen Jahr für Jahr hunderte frankophoner Jugendliche unter 18 Jahren daran teil und reichen eine selbst verfasste Novelle ein. Die Jury um Erik Orsenna wählt jährlich 6 bis 8 Autorinnen und Autoren aus, die in einem eigenen Novellenband beim Verlag Héloïse d'Ormesson veröffentlicht und in einer feierlichen Zeremonie im Rathaus von Paris geehrt werden.

Die Jugendlichen schreiben in Erinnerung an Clara und unterstützen damit die Herzforschung, mit dem Ziel, dass solche Herzfehler, wie sie einen hatte, zukünftig früher erkannt und operiert werden können.

„Des ados qui écrivent pour des ados“ ist ein kostbares Stück französischer Literatur: überraschend ästhetisch, faszinierend fesselnd, genial geschrieben, erstaunlich erzählt und künstlerisch komponiert. Lasst euch verzaubern von diesen jungen Autorinnen und Autoren und geht auf eine literarische Reise, die Clara bestimmt sehr gefallen hätte.

Olivier Mentz & Veit R. J. Husemann

1 Erik Orsenna ist Schriftsteller und Mitglied der *Académie française*.

Anne-Lise Lafranche

Épidémie

« Il était une fois une famille de dragons. Il y a le fils qui s'appelle Tom, la mère et aussi le père… » Bon, il faut bien un début à tout ; ça c'était en CE1. Aujourd'hui je suis en 1e L au lycée Émile Zola à Rennes, et j'essaie de trouver du temps pour rédiger mes romans en dehors des cours, de mes dessins, de mon piano et ma guitare… À chaque moment libre, je m'installe devant mon clavier en écoutant White Stripes ou Pink Floyd. Je cherche simplement à combiner au mieux mes rêves de romancière et mes projets de bédéiste.

Écrire est un besoin pour moi. J'en ai pris conscience en me remettant à mon bureau, après avoir longtemps délaissé un chapitre inachevé. Et je me souviens du sentiment de bien-être ressenti en reprenant ce que j'avais entrepris. J'ai dû me forcer à m'arrêter, trois heures plus tard, et ce uniquement parce qu'il était une heure du matin, et j'ai rigolé bêtement de cette satisfaction que m'avait procurée le simple fait d'assembler des mots en phrases. Cependant, en rédigeant cette nouvelle-ci, je n'ai pas franchement ri, car le thème ne s'y prêtait pas. En cours de français, nous avons étudié l'archétype du héros et des situations héroïques. J'ai alors eu envie de parler de personnes que j'admire tout particulièrement pour leur courage et leur dévouement.

---

5 **le CE1** la classe de l'école primaire quand on a 7 ans | 6 **la 1e L** la classe du lycée quand on a 17 ans, spécialisée en littérature | 13 **un clavier** Tastatur | 15 **un,e bédéiste** Comicautor(in) → la BD | 16 **prendre conscience de qc** réaliser qc | 17 **délaisser qc** ne pas s'occuper de qc | 18 **inachevé,e** ≠ fini | 18 **ressentir** empfinden | 19 **entreprendre** unternehmen | 20 **uniquement** einzig und allein | 22 **procurer** donner | 22 **un fait** Tatsache | 22 **cependant** jedoch | 23 **franchement** *ici :* vraiment | 24 **se prêter à qc** sich für etw eignen | 27 **le dévouement** Aufopferung

Elle passa ses mains gantées sous le robinet et trempa ses bottes dans un petit bassin d'eau chlorée pour les décontaminer, avant de sortir de la zone rouge.

Elle était en Guinée, l'une des régions les plus touchées par le virus. L'épidémie se propageait, incontrôlable. On avait de plus en plus besoin de médecins en Afrique de l'Ouest et Médecins sans frontières recrutait des volontaires toujours plus jeunes. Elle avait vingt-quatre ans. Et n'avait eu droit qu'à sept jours de formation.

Dans le centre, elle faisait partie des vingt-deux volontaires français qui travaillaient auprès des soignants locaux. En raison du risque de contagion, leurs séjours étaient limités à six semaines.

Elle enleva délicatement son masque et ses lunettes. Elle revenait de la zone à haut risque, délimitée simplement par des filets de sécurité entourant les tentes sous lesquelles étaient soignés les dix-neuf malades du centre. Elle n'y avait passé qu'une heure : le tour médical ne pouvait excéder cette durée, en raison des risques de contamination et de vertiges dus à la chaleur. Les volontaires postés dehors consultaient régulièrement leur montre pour prévenir ceux qui se trouvaient à l'intérieur de la zone de la durée qu'il leur restait. Car le temps passait vite et, sous les tentes, il semblait même s'arrêter. Elle rejeta lentement sa capuche en arrière. Ils n'avaient le droit d'aller voir les malades que deux fois par jour. Ça lui semblait tellement insuffisant. Mais la sécurité des volontaires passait avant le confort des patients.

Elle détacha son tablier en plastique et, avec mille précautions, commença à ôter sa combinaison – une espèce de scaphandre qui

---

1 **ganté,e** qui est dans un gant (Handschuh) | 1 **un robinet** Wasserhahn | 1 **des bottes** *fpl* Stiefel | 5 **se propager** sich ausbreiten | 7 **recruter** employer, faire travailler | 8 **une formation** Ausbildung | 10 **un soignant** Pflegekraft | 11 **la contagion** Ansteckung | 13 **délimiter** begrenzen | 13 **un filet de sécurité** Sicherheitsnetz | 16 **excéder une durée** être plus long qu'un certain temps | 17 **un vertige** Schwindel | 17 **la chaleur** → chaud | 18 **une montre** Uhr | 18 **prévenir** *ici :* informer | 21 **une capuche** Kapuze | 23 **insuffisant,e** ≠ assez | 25 **détacher** ausziehen | 25 **un tablier** Schürze | 25 **avec mille précautions** *fpl* en faisant très attention | 26 **ôter** ausziehen | 26 **une combinaison** *ici :* Overall | 26 **un scaphandre** *ici :* Raumanzug

lui recouvrait l'intégralité du corps, et qu'elle avait mis quinze minutes à enfiler. Aucune partie de la peau n'était visible : les soignants s'inscrivaient mutuellement leurs prénoms sur le front pour pouvoir se reconnaître. Il faisait cinquante degrés sous une telle armure : ils pouvaient y perdre jusqu'à deux litres de sueur à chaque tour médical. Ils devaient la passer avec le plus grand soin, en tirant sur le moindre pli pour que les liquides corporels des malades coulent dessus sans les souiller. Sinon, au moment du déshabillage, tout contact avec une substance de ce type leur aurait immédiatement transmis le virus.

À l'intérieur, ils n'avaient que trois minutes par patient. Ils changeaient les malades et faisaient leur toilette. Ils les soulageaient de leur mieux de leurs vomissements sanguinolents, de leurs diarrhées et de leurs fièvres. Mais pour ce faire, leurs seuls recours étaient l'alimentation et l'hydratation. Et la perfusion pour les malades trop faibles pour manger.

Elle retira ses manches et fit glisser la combinaison jusqu'au sol. Ce fut comme si elle recevait un grand seau d'eau fraîche sur la tête. Elle éprouva une profonde sensation de délivrance et soupira. C'était un travail épuisant. Physiquement et moralement.

Les soignants ne devaient jamais se toucher. Ils ne pouvaient se passer des objets de la main à la main qu'une fois qu'ils se trouvaient dans la zone à haut risque. Avant d'y entrer, pour s'encourager et essayer de se détendre, ils se forçaient à sourire et émettaient des

---

1 **l'intégralité** *f* **de** tout, complètement | 2 **enfiler** mettre | 2 **visible** → voir | 3 **inscrire** écrire | 3 **mutuellement** l'un l'autre | 3 **le front** Stirn | 5 **une armure** Rüstung | 5 **la sueur** Schweiß | 6 **avec le plus grand soin** en faisant très attention | 7 **tirer** ziehen | 7 **le, la moindre** der, die kleinste | 7 **un pli** Falte | 8 **souiller** beschmutzen | 12 **changer qn** changer les vêtements de qn | 12 **faire la toilette de qn** laver qn | 12 **soulager qn de qc** *ici :* enlever qc sur qn (entfernen) | 13 **un vomissement** *ici :* Erbrochenes | 13 **sanguinolent,e** blutig | 14 **la diarrhée** Durchfall | 14 **la fièvre** Fieber | 14 **un recours** *ici :* un moyen pour aider | 15 **une perfusion** Infusion | 17 **retirer** enlever | 17 **une manche** Ärmel | 18 **un seau** Eimer | 19 **la délivrance** Erlösung | 19 **soupirer** seufzen | 20 **épuisant,e** très fatigant | 24 **se détendre** se relaxer | 24 **émettre** *ici :* faire entendre

rires crispés. Quant à elle, devant le malheur qui l'entourait, elle tâchait simplement de garder son sang-froid et les idées claires.

Car dans de pareilles circonstances, on oublie qui on est. On oublie les maisons, on oublie les immeubles. On oublie les voitures, on oublie les avions. On oublie l'informatique, on oublie la chimie. On oublie la photographie, on oublie le cinéma. Les humains ne sont plus que des êtres vivants, des animaux comme les autres. Des mammifères en proie à ce que la nature a conçu de plus immonde et de plus vicieux.

Elle donnait de toute sa personne pour ces pauvres hommes, pour ces pauvres femmes, pour ces pauvres enfants qui n'avaient pas demandé à exister sur une terre aussi malsaine. Elle donnait tout ce qu'elle pouvait, mais elle se sentait de plus en plus impuissante.

Elle extirpa ses jambes de la combinaison, enleva ses deux paires de gants et ses bottes en caoutchouc. Ce qui pouvait être réutilisé allait être envoyé à la blanchisserie, où tout était nettoyé à l'eau chlorée chaque jour. Ce qui ne le pouvait pas irait directement à l'incinérateur.

Elle s'étira et passa ses mains dans ses cheveux en gonflant ses poumons d'un air nauséabond.

Ici, en Afrique, elle se faisait vite remarquer. Elle avait une peau pâle, bien trop pâle pour le soleil cuisant de la région. Des yeux bleus, bien trop bleus et des cheveux blonds, bien trop blonds. Elle était toute petite et paraissait terriblement frêle. Mais elle avait un

---

1 **crispé,e** ≠ relax | 1 **quant à...** en ce qui concerne... (was ... betrifft) | 1 **le malheur** Unglück | 2 **tâcher de faire qc** essayer de faire qc | 2 **garder son sang-froid** einen kühlen Kopf bewahren | 3 **de pareilles circonstances** une situation comme celle-là | 7 **un être vivant** Lebewesen | 8 **un mammifère** Säugetier | 8 **en proie à qc** einer Sache ausgeliefert | 8 **concevoir** créer | 8 **immonde** horrible | 9 **vicieux,-euse** *ici :* gemein | 12 **malsain,e** malade/qui rend malade | 13 **impuissant,e** qui ne peut rien faire | 14 **extirper** sortir | 16 **une blanchisserie** un endroit où on lave les vêtements | 16 **nettoyer** laver | 18 **un incinérateur** Verbrennungsanlage | 19 **s'étirer** sich strecken | 19 **gonfler ses poumons** tief einatmen (**un poumon** Lunge) | 20 **nauséabond,e** qui sent très mauvais | 22 **cuisant,e** *ici :* très fort | 24 **frêle** fragile

mental bien plus fort et une détermination bien plus farouche que n'importe quel homme. Elle avait des traits extrêmement fins et un air encore enfantin et insouciant. Pourtant, elle avait déjà vu les plus grands malheurs du monde.

Elle s'appelait Marion. Avant même sa naissance, sa vie était toute tracée. Fille ou garçon, l'enfant à venir serait médecin. Ainsi en avaient décidé ses parents, qui tenaient à ce que leur progéniture ait un emploi qui lui assure une vie confortable. Comme Marion grandissait et s'affirmait, son tempérament la poussait à vouloir se rendre utile, et imaginer son avenir autrement qu'en sauvant des vies lui semblait tout à fait vain. Ses parents auraient pu se féliciter de la flamme d'humanité qu'ils avaient fait naître dans le cœur de leur fille. Malheureusement pour eux, elle ne suivit pas exactement le chemin qui lui était destiné. Et c'est tout naturellement qu'après avoir obtenu son diplôme d'infirmière, elle accepta cette mission sur la côte ouest de l'Afrique.

Elle sortit du vestiaire. Elle devait attendre une heure pour retourner sous les tentes. Mais elle n'en profiterait pas pour aller se promener : les volontaires n'avaient pas le droit de sortir du centre. Le virus pouvait être partout, et tout contact avec la population était formellement interdit. Les soignants devaient attendre d'être raccompagnés en voiture à leur campement, qui avait été installé à quelques centaines de mètres du dispensaire de façon qu'ils puissent quitter cette atmosphère pesante quelques heures par jour.

---

1 **la détermination** le fait d'être très décidé | 1 **farouche** *ici :* eisern | 3 **insouciant,e** unbekümmert | 6 **tracé,e** *ici :* décidé | 7 **la progéniture** les enfants | 8 **un emploi** un métier | 8 **assurer** garantir | 9 **s'affirmer** *ici :* développer son caractère | 10 **sauver** retten | 11 **vain,e** sinnlos | 11 **se féliciter de qc** être content de qc | 12 **la flamme** *ici :* fig la passion | 14 **être destiné,e** *ici :* être choisi par les parents | 15 **une infirmière** Krankenschwester | 17 **un vestiaire** un lieu pour changer de vêtements | 23 **un dispensaire** un petit hôpital | 24 **pesant,e** *ici :* bedrückend

De la zone rouge lui parvenaient les effluves ignobles de sang, de diarrhée, de vomi, de putréfaction… Toutes ces odeurs se mêlaient en un ensemble abominable et s'accrochaient à tout ce qui pénétrait dans le centre. Elle entendait les malades gémir et hurler, crier une douleur insupportable. Elle sentait son estomac se retourner à lui donner la nausée, elle sentait son cœur se serrer à lui tordre la poitrine.

Mais elle ne pouvait rien faire. Simplement attendre.

Sur les dix-neuf patients du centre, dix étaient des adultes, huit étaient des adolescents. La dix-neuvième était une toute petite fille qui n'avait pas plus de cinq ans. Elle s'appelait Keshia. Quand elle était arrivée au centre quatre jours auparavant, elle était fiévreuse et souffrait d'une horrible migraine et d'un mal de gorge brûlant – le premier signe de la maladie. Malgré sa faiblesse, elle avait réussi à sourire à Marion. Un si joli sourire, qui lui avait creusé des fossettes dans les joues. Marion avait particulièrement pris soin de Keshia. Elle lui avait apporté des jouets, elle lui avait aussi consacré plus de temps qu'il n'était autorisé. D'ordinaire, elle faisait attention à maintenir une certaine distance entre elle et les patients. C'était indispensable : dans la situation à laquelle toute l'équipe soignante faisait face, il fallait se préserver d'une affectivité trop poussée vis-à-vis des malades. Mais elle espérait de tout son cœur que la maladie épargnerait la petite. Sans se l'avouer, elle s'était immédiatement et irrémédiablement attachée à cette enfant.

---

1 **les effluves** *mpl* une odeur (Geruch) | 1 **ignoble** horrible | 1 **le sang** Blut | 2 **le vomi** Erbrochenes | 2 **la putréfaction** Verwesung | 2 **se mêler** sich mischen | 3 **abominable** horrible | 3 **s'accrocher à qc** an etw hängen bleiben | 4 **pénétrer** entrer | 4 **gémir** stöhnen | 5 **°hurler** crier | 5 **la douleur** Schmerz | 5 **insupportable** qu'on ne peut pas supporter (ertragen) | 6 **la nausée** Übelkeit | 6 **son cœur se serre** ihm/ihr krampft sich das Herz zusammen | 7 **tordre** *ici : fig* zusammenschnüren | 7 **la poitrine** Brust | 12 **fiévreux,-euse** → la fièvre (p. 10) | 13 **souffrir (de…)** (unter …) leiden | 13 **le mal de gorge** Halsweh | 14 **la faiblesse** *ici :* geschwächter Zustand | 15 **une fossette** Grübchen | 16 **prendre soin de qn** für jdn Sorge tragen | 18 **d'ordinaire** d'habitude | 19 **maintenir** garder | 20 **indispensable** nécessaire | 21 **faire face à qc** être confronté à qc | 21 **se préserver de qc** se protéger de qc | 21 **l'affectivité** *f* les sentiments | 21 **poussé,e** *ici :* grand, fort | 23 **épargner qn** *ici :* jdn verschonen | 23 **avouer** gestehen | 24 **irrémédiablement** définitivement | 24 **s'attacher à qn** jdn lieb gewinnen

Les patients ne savaient pas toujours de quoi ils souffraient. Certains ne se posaient même pas la question. Tout ce qui leur importait était de survivre. Savoir que leur maladie était encore incurable, voire mortelle pour la majorité des personnes qui en étaient atteintes, ne les y aurait certainement pas aidés. La plupart d'entre eux gardaient le moral, parce que c'était leur seule chance d'en sortir vivants.

À leur arrivée au camp, les malades ne pouvaient qu'être interrogés par des médecins tenus d'observer une distance de sécurité. Si leurs symptômes justifiaient qu'ils soient pris en charge, ils subissaient des examens plus complets puis, selon les résultats, étaient répartis en deux catégories : à bas ou à haut risque. Ils rejoignaient alors la tente correspondant à leur état, où ils recevaient les soins appropriés.

Malheureusement, nombreux étaient ceux qui ne parvenaient même pas au stade du diagnostic. Les soignants étaient tellement débordés qu'accueillir de nouveaux malades aurait mis tout le monde en danger. Les gens qu'ils étaient obligés de refuser venaient mourir à leurs portes. Il arriva même que certains parents abandonnent leur enfant devant l'entrée du centre, pensant que les médecins n'auraient ainsi pas d'autre choix que de le prendre en charge. Le virus était omniprésent et incontrôlable, les efforts fournis n'étaient pas suffisants pour le canaliser. Le pays n'arrivait simplement plus à faire face à l'épidémie.

---

3 **importer à qn** être important pour qn | 4 **incurable** qui ne peut pas être guéri (heilen) | 5 **être atteint,e (d'une maladie)** être malade | 5 **la plupart** le plus grand nombre | 6 **garder le moral** ≠ déprimer | 9 **tenu,e de faire qc** qui doit faire qc | 9 **observer** *ici :* respecter | 10 **être pris en charge** behandelt werden | 11 **un examen** *ici :* Untersuchung | 13 **un état** *ici :* Zustand | 14 **le soin** Behandlung | 14 **approprié,e** qui convient | 15 **malheureusement** leider | 15 **parvenir** réussir | 17 **être débordé,e** avoir trop de travail | 20 **abandonner qn** laisser qn et partir | 22 **omniprésent,e** partout | 23 **suffisant,e** → ça suffit !/il suffit de…

Marion s'approcha du filet de sécurité qui clôturait le centre. Elle s'assit en tailleur par terre, sur le sol sec et craquelé, accrocha ses doigts aux mailles orange et regarda l'horizon à travers leurs entrelacs, sans vraiment le voir. Elle n'avait pas dit un mot depuis qu'elle était sortie de la zone rouge. Elle n'avait que le visage de Keshia en tête. Son visage blême, inexpressif. Ses joues bien trop creuses et son sourire si fragile bien trop tôt effacé. Sa peau bien trop pâle pour une petite Africaine. Ses yeux bien trop éteints pour une petite fille qui semblait encore si vive à son arrivée. Marion savait bien ce que cela signifiait. Mais une part d'elle se refusait à le croire.

Elle entendit des pas derrière elle. Deux hommes qui se dirigeaient vers l'entrée de la zone à haut risque. Deux hommes qui marchaient au même rythme. Deux hommes qui portaient un brancard. Elle ferma les yeux. Elle savait. Elle serra les poings sur ses cheveux courts – cheveux qu'elle avait coupés elle-même avec une paire de ciseaux en arrivant au camp, comprenant qu'elle aurait autre chose à faire que de s'inquiéter de sa peau sèche et de ses mèches folles.

Elle se releva vivement et courut vers le vestiaire. Elle remit sa combinaison plus vite qu'elle ne l'avait jamais fait, fit claquer négligemment l'élastique de son masque et de ses lunettes derrière sa tête, enfila des bottes et une paire de gants, oublia son tablier, rabattit sa capuche sur le haut de sa tête et courut jusqu'à la zone à haut risque. Elle se précipita vers la tente de traitement où Keshia recevait encore ses soins lors de son dernier tour médical. Les deux

---

1 clôturer fermer | **2 en tailleur** im Schneidersitz | **2 sec** trocken | **2 craquelé,e** rissig | **3 une maille** *ici :* Masche (des Sicherheitsnetzes) | **4 les entrelacs** *mpl* Flechtwerk | **6 blême** bleich | **6 une joue** Wange | **7 creux,-euse** hohl | **7 effacer** *ici :* erlöschen | **8 éteint,e** *ici :* matt | **9 vif, vive** plein de vie | **12 un pas** Schritt | **15 un brancard** Tragbahre | **15 serrer les poings** *mpl* die Fäuste ballen | **17 une paire de ciseaux** Schere | **19 une mèche folle** widerspenstige Strähne | **20 se relever** se mettre debout | **21 claquer** *ici :* schnalzen | **22 négligemment** sans faire attention | **25 se précipiter** marcher vite | **25 un traitement** Behandlung | **26 lors de** pendant

brancardiers s'y trouvaient déjà. Ils enveloppaient le corps inerte de la petite dans une housse mortuaire. Elle se jeta presque sur elle. Un des hommes la retint vivement, empoignant ses bras si fort qu'elle poussa un cri. Un cri étouffé par le masque qu'elle avait mal ajusté sur son visage et d'où s'échappaient quelques mèches blondes. L'homme la retourna vers lui avec colère et, la tenant toujours par les bras, il la secoua brutalement en lui hurlant des reproches que, malgré ses protections qui lui obstruaient le visage, elle comprit très bien, parce qu'elle s'y attendait. Elle savait que ça ne faisait pas une heure qu'elle était revenue de son tour médical. Elle savait à quel point elle avait négligé les mesures de sécurité pour entrer dans la zone rouge. Elle savait que sa combinaison était plissée. Et elle savait que même les cadavres étaient contagieux.

Était-ce cette atmosphère lourde, chargée de miasmes morbides, qui lui était montée à la tête ? Ou bien la responsabilité de toutes ces vies devenait-elle trop pesante pour ses épaules si menues ? Quoi qu'il en soit, pendant la fraction de seconde où elle avait lâché le filet pour foncer vers la tente de traitement, elle avait semblé perdre tout sens commun. Et à présent, il n'y avait à ses yeux rien de plus important au monde que de déposer contre la fillette, dans sa housse mortuaire, la poupée qu'elle lui avait offerte et qui l'avait accompagnée les derniers jours de sa vie. Une poupée à la peau claire et aux yeux pâles.

Elle se débattit pour se dégager de l'étreinte du brancardier et, en un clin d'œil, elle installa le jouet, qu'elle ne tenait qu'à travers

---

1 **un brancardier** qn qui porte un brancard (p. 15) | 1 **envelopper** einwickeln | 1 **inerte** sans vie | 2 **une °housse mortuaire** Leichensack | 3 **retenir qn** jdn zurückhalten | 3 **vivement** énergiquement | 3 **empoigner** *ici :* tenir | 4 **étouffé,e** *ici :* gedämpft | 4 **ajuster** *ici :* mettre | 7 **secouer** schütteln | 7 **un reproche** Vorwurf | 8 **malgré** trotz | 8 **obstruer** *ici :* bedecken | 11 **à quel point** *ici :* wie viel | 12 **plissé,e** → un pli (p. 10) | 13 **contagieux,-euse** → la contagion (p. 9) | 14 **lourd,e** *ici :* beklemmend | 14 **des miasmes** *mpl* Ausdünstungen | 14 **morbide** en rapport avec la maladie | 16 **une épaule** Schulter | 16 **menu,e** *ici :* zierlich | 17 **quoi qu'il en soit** wie dem auch sei | 17 **une fraction** *ici :* Bruchteil | 18 **foncer** courir | 19 **le sens commun** gesunder Menschenverstand | 24 **se dégager** se libérer | 24 **une étreinte** *ici :* Umklammerung | 25 **en un clin d'œil** in einem (kurzen) Augenblick

une épaisseur de gant, contre la joue de Keshia. Puis elle sortit de la tente en courant.

Arrivée au vestiaire, elle retira rapidement tout son équipement et s'assura que la tente était vide pour laisser couler ses larmes. Non qu'elle en ait honte, mais elle ne devait pas pleurer devant ses collègues. Ils ne devaient pas pleurer ensemble. S'ils se laissaient aller à leurs émotions, ils risquaient de perdre tout contrôle de la situation – en admettant qu'ils contrôlent quoi que ce soit…

Elle essuya ses joues et inspira une nouvelle fois cet air putride qu'elle ne sentait plus. Elle sortit de la tente et retourna s'asseoir par terre devant le filet de sécurité. Elle se laissa basculer en arrière, la tête contre le sol, les cheveux dans le sable. Elle étala ses jambes. Elle étala ses bras. Elle sentit les rayons du soleil taper contre sa peau nue. Le soleil d'Afrique contre sa peau de Blanche.

Elle avait vu des enfants malades arrachés à leurs parents. Elle avait vu des parents malades abandonner leurs enfants. Elle avait vu un homme se laisser mourir de désespoir après le décès de sa compagne, morte en suffoquant dans ses crachats de sang. Elle avait vu des villages entiers se vider et dépérir. Elle avait vu des centaines de corps enveloppés dans des housses mortuaires et transportés à la morgue.

À voir la mort de si près, elle ne pouvait s'empêcher de penser à la sienne. Un jour, ce serait elle que l'on emporterait dans une housse jusqu'à la morgue, et alors tout serait terminé pour elle. Mais à force de la fréquenter, elle avait fini par l'accepter. Elle se

---

1 **une épaisseur** *ici :* Schicht | 4 **s'assurer** sich versichern (→ sûr) | 5 **avoir °honte de qc** sich für etw schämen | 8 **en admettant que** angenommen, dass | 8 **quoi que ce soit** *ici :* irgendetwas | 9 **essuyer** abwischen | 9 **inspirer** einatmen | 9 **putride** faulig | 11 **basculer** umkippen | 12 **étaler** *ici :* ausbreiten | 13 **un rayon de soleil** Sonnenstrahl | 13 **taper** *ici :* knallen | 14 **nu,e** *ici :* non protégé par un vêtement | 15 **arraché** *ici :* pris avec violence (par la mort) | 17 **le désespoir** ≠ l'espoir | 17 **le décès** la mort | 18 **suffoquer** ersticken | 18 **un crachat** Spucke | 19 **dépérir** *ici :* verfallen | 20 **une centaine** → cent | 21 **la morgue** Leichenkammer | 22 **ne pas pouvoir s'empêcher de faire qc** ne pas pouvoir faire autrement que de faire qc | 23 **la sienne** *ici :* sa mort | 24 **terminer** finir | 25 **à force de fréquenter la mort** comme elle était souvent en contact avec la mort

rendait compte que la mort était une partie de la vie, ou plutôt, que la vie n'était qu'une partie de la mort. Que sa propre existence représentait bien peu de chose par rapport aux milliards d'humains qu'avait portés la Terre, par rapport aux milliards d'années depuis lesquelles elle tournait. Marion acceptait qu'un jour, ce serait son tour de s'en aller.

Comme si le soleil avait voulu qu'elle cesse de ressasser ces pensées sinistres, elle sentit soudain une vive brûlure sur le bras. Elle se redressa brusquement. Elle était restée trop longtemps exposée à ses rayons incandescents. Sa peau blanche avait déjà beaucoup rougi. Elle alla s'asseoir à l'ombre d'une tente. Il fallait qu'elle se ressaisisse. Ça ne menait nulle part, ce genre de raisonnement. Elle n'ignorait pas que les malades qui en réchappaient étaient très rares. Pour sa propre protection, elle devait fermer la porte à ses émotions. C'est ce qu'elle avait toujours cru faire. Mais la petite Keshia s'était immiscée dans son cœur sans qu'elle l'ait vue venir.

Elle avait l'impression qu'elle se tuait à la tâche pour une cause désespérée, que tous ses efforts étaient vains. Bien qu'elle et son équipe fassent tout ce qu'ils pouvaient, près de deux malades sur trois mouraient.

Parce que, ici, ils n'avaient pas assez d'argent. Ici, ils n'avaient pas assez de matériel. Ici, ils n'avaient pas assez de bras.

Autant se protéger d'une éruption volcanique avec un parapluie.

---

1 **se rendre compte** réaliser | 6 **s'en aller** partir | 7 **cesser** arrêter | 7 **ressasser** se répéter | 8 **sinistre** triste, inquiétant | 8 **vif, vive** *ici :* très fort | 8 **une brûlure** Brennen | 9 **se redresser** se lever | 10 **incandescent,e** brûlant (→ une brûlure) | 12 **se ressaisir** sich wieder fangen | 12 **ne mener nulle part** nirgendwohin führen | 12 **un raisonnement** une réflexion | 13 **ne pas ignorer** très bien savoir | 13 **en réchapper** *ici :* die Krankheit überwinden | 14 **propre** *ici :* eigen | 16 **s'immiscer** sich einschleichen | 17 **se tuer à la tâche** *expr* travailler beaucoup et être très fatigué par de durs efforts | 17 **une cause** *ici :* Sache | 18 **désespéré,e** sans espoir | 18 **vain,e** sans chance de succès | 18 **bien que** + *subj* obwohl | 19 **près de** *ici :* environ | 23 **autant faire qc** genauso gut könnte man etw tun | 24 **un parapluie** Regenschirm

Elle ferma les yeux et grimaça. Sa peau la brûlait. Et elle avait l'impression que des épines lui picotaient le fond de la gorge. Elle avait dû trop pleurer. Elle s'efforçait de rester positive. C'est ce que tout le monde essayait de faire ici. Rester positif. Ils se rassuraient comme ils pouvaient, et tâchaient d'apaiser l'inquiétude de leurs familles restées en France.

Réussiraient-ils un jour à stopper cette épidémie ? Un traitement semblait avoir été trouvé. Le Favipiravir. Ce médicament japonais avait été testé sur quatre-vingts malades, apparemment avec efficacité. Elle voulait y croire, mais n'y arrivait pas vraiment. Elle avait l'impression de lutter contre une menace invisible et tellement puissante qu'il était dérisoire de s'acharner ainsi et de s'imaginer capable de la repousser.

Elle ne savait plus quoi penser. De toute façon, elle ne cherchait plus à penser. Elle se disait simplement que son action était juste et qu'elle devait continuer.

Ebola avait déjà tué plus de dix mille personnes.

Quelques jours étaient passés. Il y avait de l'agitation dans le centre. Samory, un homme de trente-trois ans, avait réussi à venir à bout de sa maladie, après quinze jours de soins. Il avait passé deux tests qui s'étaient révélés négatifs. Samory était guéri. Il avait à jamais vaincu Ebola.

Mais on ne le laisserait pas rentrer seul chez lui. Dans les villages, il régnait un silence effroyable. L'atmosphère était lourde. Une tension et une inquiétude qui ne disaient pas leur nom pesaient comme une chape de plomb sur la population.

---

2 **une épine** Dorn | 2 **picoter** *ici :* stechen | 2 **la gorge** Kehle | 4 **se rassurer** sich beruhigen | 5 **apaiser** calmer | 9 **apparemment** anscheinend | 10 **l'efficacité** *f* Wirksamkeit | 11 **une menace** Bedrohung | 12 **puissant,e** *ici :* fort | 12 **dérisoire** lächerlich | 12 **s'acharner** faire d'énormes efforts, *ici :* continuer à soigner tous ces malades | 13 **repousser qc** abwehren | 19 **venir à bout de qn/qc** gagner | 21 **guérir** heilen | 24 **régner** herrschen | 24 **effroyable** qui fait peur | 25 **la tension** *ici :* Spannung | 26 **peser comme une chape de plomb sur qc** bleiern auf etw liegen

Les familles touchées par le virus souffraient non seulement de la maladie, mais également de la réaction de leur voisinage, qui les évitait, les stigmatisait, les insultait. Les soignants craignaient que, s'il repartait seul, Samory soit rejeté par ceux qui le croiraient encore contaminé. Il serait donc raccompagné par des membres de l'équipe, et il pourrait retrouver en sécurité sa famille. Il avait une femme et trois enfants.

Mais pour l'heure, presque tout le personnel était regroupé dans la tente de réunion pour fêter cette victoire. Une victoire bien modeste. Si peu nombreux étaient les malades qu'ils avaient réussi à sauver.

Marion s'était retirée dans un coin de la tente, semblant veiller à ne pas se mêler aux autres. Les bras croisés sur le ventre, elle restait debout, comme recluse en elle-même. Malgré la joie ambiante suscitée par la guérison de Samory, son expression était grave. De temps en temps, ses collègues lui adressaient un regard compatissant. Ils ne cherchaient pas à l'approcher, ils respectaient son besoin d'isolement. Elle ne s'était toujours pas remise de la mort de Keshia. Bien qu'elle ait la réputation d'être une des volontaires les plus solides du centre, elle se sentait tellement fragile. Ce n'était décidément pas un métier pour elle.

Parce que ce n'est un métier pour personne.

Les gens riaient, d'un rire nerveux qui traduisait leur profond soulagement. Les gens s'étreignaient. Les gens pleuraient et, pour une fois, ils ne le cachaient pas. Parce que ces larmes-là leur réchauffaient le cœur.

---

3 **craindre que** + *subj* avoir peur que | 5 **un membre** Mitglied | 8 **pour l'heure** maintenant | 10 **modeste** *ici :* petit | 12 **veiller à faire qc** faire attention à faire qc | 13 **se mêler aux autres** aller avec les autres | 13 **les bras croisés** mit verschränkten Armen | 14 **reclus,e** enfermé | 15 **suscité,e par qc** provoqué,e par qc | 15 **la guérison** → guérir (p. 19) | 16 **grave** *ici :* sérieux | 17 **compatissant,e** *ici :* teilnahmsvoll | 17 **approcher qn** venir près de qn | 18 **se remettre de qc** sich von etw erholen | 19 **une réputation** Ruf | 21 **décidément** vraiment | 23 **traduire** *ici :* exprimer | 24 **un soulagement** Erleichterung | 24 **s'étreindre** se prendre dans les bras les uns des autres | 26 **réchauffer** rendre chaud

L'heure du départ de Samory arriva. Il serra contre lui tous les soignants qui étaient présents. Vint le tour de Marion. Elle hésita un instant, puis le prit dans ses bras et laissa libre cours à ses pleurs. Sa voix tremblait lorsqu'elle lui dit :

– Je suis tellement heureuse pour toi.

Un de ses collègues sourit en la voyant enfin s'ouvrir à eux. Il s'approcha d'elle pour se joindre à l'accolade, mais elle recula vivement. Il la regarda, déconcerté. Les larmes qui emplissaient les yeux de la jeune femme n'étaient pas des larmes de joie. Et son regard était terrifié.

– Ne m'approche pas. Toi, tu n'es pas immunisé.

Le collègue se figea, et ce fut comme si la foudre avait frappé la joyeuse assemblée. Tous les visages affichèrent la même expression choquée, amère, qui se mua bientôt en une moue de résignation blessée. Ils avaient compris. Et ils connaissaient la suite. La mission de Marion s'arrêtait là. Elle serait rapatriée en France le plus tôt possible pour y être correctement soignée. Malgré la guérison de Samory, elle ne garderait en mémoire que la mort de la petite Keshia. Malgré le courage et le dévouement remarquables dont elle avait fait preuve depuis son arrivée dans ce centre, elle ne se souviendrait que de son échec.

Et sa guérison lui apparaîtrait comme une injustice.

Car elle guérirait. Les hôpitaux français sauraient la tirer d'affaire.

Parce que là-bas, ils avaient l'argent. Là-bas, ils avaient le matériel. Là-bas, ils avaient les bras.

---

1 **serrer qn contre soi** jdn an sich drücken | 3 **laisser libre cours à ses pleurs** *mpl* pleurer librement, ne pas retenir ses larmes | 4 **trembler** zittern | 7 **une accolade** feierliche Umarmung | 7 **reculer** marcher vers l'arrière | 8 **déconcerté,e** confus | 8 **emplir** füllen | 12 **se figer** ne pas bouger | 12 **la foudre** Blitz | 13 **afficher** montrer | 14 **amer,-ère** bitter | 14 **se muer** se changer | 14 **faire une moue (de…)** (mit …) die Mundwinkel verziehen | 16 **rapatrier qn** ramener qn qui est à l'étranger dans son pays (pour cause de maladie p. ex.) | 20 **faire preuve de** montrer | 21 **un échec** ≠ un succès | 23 **tirer qn d'affaire** jdn retten, jdn aus etw. befreien

Elle guérirait, alors qu'elle n'avait pas sauvé Keshia, et que plus de cent soignants locaux avaient déjà trouvé la mort. Ils n'avaient pas pu, eux, être envoyés à Paris.

Les hommes étaient dépassés par la fatalité.

Marion sortait tout juste de sa convalescence. Assise dans un fauteuil, elle avait posé sur ses genoux un journal qu'elle feuilletait distraitement. Cela faisait une semaine qu'elle ne parvenait pas à mettre de l'ordre dans ses idées, encore moins à se projeter dans l'avenir. Tout le travail qu'elle avait effectué dans le centre lui semblait tellement vain par rapport à l'ampleur de la tâche qu'elle et ses collègues s'étaient assignée ! Alors peu importait ce qu'elle entreprendrait par la suite. Quoi qu'elle fasse, tout lui paraîtrait désormais futile et dérisoire. Une perte de temps.

Soudain, un article retint son attention. Cessant de tourner les pages, elle lut et une merveilleuse chaleur irradia de son cœur.

La possibilité d'une rechute n'est évidemment pas à écarter, mais le niveau de contamination est au plus bas depuis le début de l'épidémie. D'après l'Organisation mondiale de la santé (OMS), l'épidémie d'Ebola pourrait être éradiquée dans les mois à venir si les efforts fournis se poursuivent.

---

4 dépassé,e *ici :* überrollt | **4 la fatalité** *ici :* Unabwendbarkeit | **5 la convalescence** la période où on se remet d'une maladie | **6 feuilleter** durchblättern | **7 distraitement** sans se concentrer | **7 parvenir** réussir | **8 se projeter dans qc** sich in etw hineinversetzen | **9 l'avenir** *m* le futur | **9 effectuer** *ici :* faire | **10 l'ampleur** *f ici :* Ausmaß | **10 assigner une tâche à qn** donner à qn un travail à faire | **12 quoi qu'elle fasse** was auch immer sie tut | **13 désormais** von nun an | **13 futile** belanglos, unnütz | **13 une perte** → perdre | **15 irradier** strahlen | **16 la possibilité de qc n'est pas à écarter** qc reste encore possible | **16 une rechute** le fait de retomber malade | **19 éradiquer qc** etw ausrotten